CE QUE VEUT LA FRANCE.

OPINION

D'UN GARDE NATIONAL

SUR LA SITUATION PRÉSENTE.

PARIS,

IMPRIMERIE DE PLASSAN ET COMPAGNIE,

RUE DE VAUGIRARD, N° 15.

—

21 DÉCEMBRE 1833.

CE QUE VEUT LA FRANCE.

Au milieu des secousses politiques et des agitations continuelles dont la France fut le théâtre pendant les deux premières années de la révolution de 1830, il a été facile de remarquer que les factions, quoique impuissantes, contribuèrent pour beaucoup à prolonger ces agitations si funestes au bien ainsi qu'à la prospérité du pays.

Aujourd'hui, grâce à la sage prévoyance du Roi, à son énergie, au concours des Chambres, et surtout à la fermeté des Ministres actuels, le calme est parfaitement rétabli, non-seulement au sein de la capitale, mais encore sur tous les points de la France, où l'abondance et la prospérité industrielle se manifestent.

Les ennemis du pays (on ne peut les appeler autrement), jaloux sans doute de cet état de prospérité, et du rétablissement de l'ordre public, sans lequel il n'est de sécurité pour personne, voudraient y porter une nouvelle atteinte en ressuscitant ces scènes désastreuses dont le 6 juin aurait dû marquer le terme.

Un acte de patriotisme à remplir, et qui doit obtenir l'assentiment des bons citoyens, est celui de déchirer le voile dont se couvrent les démagogues qui voudraient, à l'aide des plus odieuses machinations, anéantir le gouvernement constitutionnel fondé le 7 août 1830 par la volonté nationale, pour lui substituer l'anarchie avec ses hideuses saturnales.

Depuis cette époque, le Roi, ses Ministres, les membres des deux Chambres, pairs et députés, ainsi que tous les chefs des différentes branches d'administration, ont été journellement en butte à la haine et à la jalousie de ces démagogues. Chaque jour ils jettent l'épouvante, manifestent de nouvelles craintes. A prendre au sérieux les bruits qu'ils propagent à l'occasion de l'ouverture des Chambres, la France entière serait à la veille de grands événements : les coups d'État, l'arbitraire, la suppression du jury pour les délits de la presse, un nouveau mode pour la nomination des officiers et sous-officiers de la garde nationale, etc., etc., etc.; enfin rien n'est épargné par eux pour jeter la défaveur et le blâme sur tous les actes du gouvernement.

Malgré tous les efforts, toutes les manœuvres des ennemis du pays, et de leurs émissaires et agents disséminés dans les départements, la concorde et la bonne harmonie qui règnent entre le Roi et l'immense majorité des citoyens ne seront point troublées.

Si ces chefs de parti n'étaient pas les ennemis jurés de l'ordre, de la prospérité et du repos public, se serviraient-ils de moyens semblables pour séduire, corrompre et entraîner dans une chute inévitable et certaine, des hommes qui, malheureusement trop prompts à s'exalter, embrassent sans réflexion d'aussi exécrables doctrines; mais espérons qu'il sera facile de ramener à de bons sentiments le petit nombre de ceux qui, par des promesses fallacieuses, mensongères, ou des illusions chimériques, auraient eu la faiblesse de se laisser prendre dans vos piéges.

Juste milieu, j'aurai le courage d'exprimer mon opinion, parce que, pour moi, Gouvernement de juste milieu veut dire *liberté pour tous*. J'écrirai sans esprit de parti, parce que je suis juste milieu. J'exposerai des faits, et la France jugera de quel côté est son salut, et s'il n'est pas temps enfin de sortir de cette voie périlleuse, où les chefs de la faction veulent l'engager.

Mettre sous les yeux de la France le tableau fidèle des actes de ses gouvernants d'une part, de l'autre exposer celui de ceux de ses ennemis, telle est la plus simple manière de faire apprécier à leur juste valeur les faits qui motivent tant de récriminations, d'injures même contre le *Roi*, ses Ministres et les Chambres. Il sera facile alors de voir de quel côté se trouve la bonne foi, et le pays saura à quoi s'en tenir sur les déclamations quotidiennes des brouillons politiques qui veulent lui imposer leurs vaines théories.

Examinons donc la conduite de ce Roi que vous appelez par dérision *volonté immuable* (un jour, je n'en doute pas, ce sera un de ses plus beaux titres à la reconnaissance du peuple, que cette opiniâtreté, contre vos hypocrites déclamations, à suivre un système justifié par d'aussi heureux résultats); et puis nous examinerons la vôtre; nous vous montrerons au pays tels que vous êtes; nous découvrirons devant lui la lèpre qui vous ronge, et dont vous voulez le couvrir aussi.

Lorsqu'en 1830 le peuple Français se donnait un Roi de son choix, et se formulait lui-même son gouvernement, vous deviez au moins lui supposer le sens commun, et ne pas lui faire l'injure de le croire assez stupide pour se laisser imposer d'autre volonté que la sienne.

J'ai vu la révolution de juillet, grande et belle, commencer, se faire et s'accomplir aux cris de *vive la Charte!* Le peuple proclama Louis-Philippe Roi des Français, alors qu'il avait encore les armes à la main pour le maintien de son œuvre, et je ne vous ai pas vu protester contre cette nomination. C'eût été dire en face au peuple qu'il était fou! et il venait de faire preuve de tout son bon sens et d'une raison mille fois plus éclairée que vos subtilités de club ne sont anarchiques et ridicules.

Élu Roi des Français, que devait faire Louis-Philippe? Rassurer d'abord le commerce et l'industrie, fortement ébranlés par la secousse des trois jours; et, pour y arriver, il devait veiller constamment au maintien de l'ordre public, sans lequel il n'y a pas de vraie liberté, redonner à la justice son cours naturel, garantir par là la propriété et la sûreté des citoyens, effacer enfin par l'abondance et la paix le deuil que de glorieux trépas imposaient à tant de Français; c'est ce qu'il déclara hautement vouloir faire, et c'est ce qu'il a fait.

C'est alors qu'on vous vit formuler votre programme d'anarchie, programme inventé dans vos ténébreuses réunions. Repoussés d'un pouvoir qui savait apprécier vos projets, vous avez juré la ruine du commerce, injurié les magistrats chargés de faire exécuter la loi, jeté la méfiance dans les rangs des hommes destinés à protéger l'ordre public, levé le masque; enfin, déployé votre drapeau et bannière au vent; l'émeute vint à vos ordres hurler périodiquement sur la place publique. Tous les moyens de trouble et de désordre ont été habilement exploités par vous; vous avez grimacé la douleur sur le tombeau de la liberté polonaise, pour ranimer de vieux souvenirs au profit de l'anarchie. Quelques jours avant, vous demandiez l'abolition de la peine de mort, et réclamiez une justice sanglante pour les prisonniers du Luxembourg.

Les Chambres, le Roi, ses Ministres, déclaraient hautement l'intention de conserver la paix et d'entretenir des relations honorables pour la France avec les puissances étrangères, vous avez crié à la trahison; et, pour réveiller ce vieil amour de gloire que conservera toujours la France, vous avez évoqué l'ombre d'un grand homme. Au nom de l'honneur national, vous avez demandé une émeute et du sang! Et le peuple ne vous a pas répondu, parce que l'émeute il la repousse, et que son sang il ne le doit qu'à la France, qui aujourd'hui, comme alors, connaît les avantages de la paix. Sa loyauté repousse d'injustes soupçons; si elle n'est et ne fut point aggressive, elle ne souffrira pas non plus qu'on l'attaque dans sa dignité, ni qu'on la trouble dans la jouissance de ses droits. Plus elle a fait preuve de modération et de désintéressement, plus elle saura s'imposer de sacrifices pour le maintien de son honneur, l'indépendance de son territoire et la défense de sa liberté conquise sur les barricades. Ce soin appartient au peuple; il saura le prendre seul, et toutes vos déclamations ne lui feront pas faire un pas sans sa volonté. Si l'on vous en croyait pourtant, ce peuple que vous calomniez sympathise avec vos doctrines. Belles doctrines vraiment, que celles qui tendent à tout renverser, et à établir votre gouvernement modèle sur des ruines et des cadavres!...

Quelle serait votre liberté? quelle serait notre garantie? Votre Gouvernement protégerait-il mieux notre commerce et notre industrie? Jouirions-nous en paix des fruits d'un demi-siècle de travaux? ou bien plutôt ne faudrait-il pas recommencer une guerre d'extermination, au nom d'un principe de liberté mal entendu? Quelle si sage constitution devrait donc en un clin d'œil changer la face non-seulement de la France, mais encore de l'Europe entière exposée à une propagande destructrice?

Heureux par la protection du Gouvernement et la sollicitude paternelle du Roi, l'ouvrier vivait à l'atelier, paisible et content d'un salaire mérité; vous l'avez entraîné dans vos clubs au nom de ses droits, et lui avez voulu inoculer la paresse qui tue. Vous avez ouvert devant lui le salon du riche industriel, et lui avez dit: Si tu le veux, ces biens sont à toi, car le maître les prélève journellement sur tes sueurs? Et l'ouvrier, un moment égaré, voulait se précipiter sur ces biens ! Qui l'en a empêché? Sa raison seule; le bon sens du plus grand nombre a vu le piége que vous lui tendiez, et il est rentré à l'atelier; car c'est là que le travail rend heureux, et prépare les voies d'une honnête aisance pour l'avenir.

Instruits par tant de défaites, avez-vous renoncé à vos projets incendiaires? Non; semblables à ces malades en délire que la mort va bientôt enlever, vous donnez tous les signes de la longévité; et l'œil peu exercé vous croirait pleins de vie et de force, au lieu que chaque jour vous enlève une partie de cette activité délirante qui vous mine et doit vous anéantir.

Qu'a fait le Gouvernement contre vous? S'est-il servi des mêmes armes que vous employez constamment contre lui? Ne se contente-t-il pas de la simple exécution des lois que vous vous efforcez de rendre ridicules, et de la décision des jurés? Et cependant ne semble-t-il pas que leur noms, inscrits à dessein sur vos tables de proscriptions, les désignent au poignard d'une vengeance occulte? Je ne saurais le penser, et pourtant !!!...

Le chef lui-même de ce Gouvernement, le Roi que ses vertus privées suffiraient à rendre le plus respectable des hommes, si vous ne voulez lui tenir compte de ses hautes lumières politiques, n'est-il pas le point de mire des attaques les plus grossières, de ceux même qui devraient le plus se louer de sa modération?

Des Français accepteraient-ils l'héritage des Marats et des Robespierres? Et serait-il vrai que le courage civique consistât dans l'imitation de Sand et de Stabs? Non, mille fois non; la France ne le croira pas.

La France connaît son Roi, et elle l'aime, parce qu'elle le connaît. Elle l'a vu plein de sollicitude pour les misères publiques, alors qu'un fléau terrible moissonnait la France entière. Puis, quand une sanguinaire entreprise voulut renverser l'édifice des trois jours, elle le vit encore à la tête du peuple qu'on outrageait, pour défendre sa liberté menacée; et pour cicatriser des plaies nouvelles, pour adoucir le malheur il ordonnait ces travaux que réclamait une grande ville, il faisait préparer ces lois qui doivent rendre les Français le peuple le plus libre de l'univers. Il donnait à la fois le pain et l'instruction à l'ouvrier, qui fait la force et la gloire du pays.

Qui se laisserait maintenant entraîner dans ces associations de tout genre, qui n'ont pour but que de troubler la tranquillité publique? Qui assistera à ces banquets turbulents, où l'on déifie les hommes de 93?

L'opinion publique n'a-t-elle pas fait justice des charivaris et des aubades patriotiques?

Les promenades dans les départements sont plus que ridicules, et ceux qui les font n'en rapportent guère que la certitude de leur impuissance.

Et tous ces beaux projets de déclamations devant les Chambres, dont le résultat serait tout au plus de jeter quelque inquiétude dans le pays, elles alarmeraient peut-être aussi le commerce : c'est là le but qu'on se propose. Mais quelle si grande satisfaction pourrait-on trouver à paralyser l'industrie, dans un moment où elle a besoin de toutes ses garanties? Quel cerveau insensé recevrait les honneurs d'une ovation populaire pour la défense du bonnet phrygien? Malheureux! s'il ne voyait pas que toute la France est lasse de pareilles pasquinades!.....

Le simple exposé de tant de faits et de projets ridicules suffira, je pense, pour faire ouvrir les yeux, et la France entière, éclairée sur ses vrais intérêts, ne balancera pas à se prononcer ouvertement.

C'est à l'ouvrier, au peuple qu'il appartient surtout de repousser les provocations journalières de ses ennemis, d'autant plus dangereux qu'ils se sont faits ses flatteurs.

L'attitude ferme des Ministres continuera à paralyser le mauvais vouloir des ennemis du pays, parce qu'ils savent que l'immense majorité de la nation est fortement unie au Roi et à la Charte de 1830.

Le Roi, aujourd'hui, c'est le peuple, c'est la France, auxquels il s'est identifié. La volonté du Roi, c'est la volonté du peuple. Rien ne doit les désunir; le salut est là. En France, il ne saurait y avoir d'autre cri que celui de *vive la Charte!* et il résume celui de *vive le Roi!* dont la haute sagesse, s'appuyant sur un ministère éclairé, travaille constamment au bonheur du peuple.

J'ai dit mon opinion; en ce moment il y a peut-être courage à la dire.

Alliance serrée autour du trône que nous

avons élevé de nos mains, affermissement du règne des lois, union de tous les Français pour repousser la contagion d'une propagande occulte; telles sont les conditions d'un avenir digne de notre belle patrie.

www.ingramcontent.com/pod-product-compliance
Lightning Source LLC
LaVergne TN
LVHW010332230826
846091LV00009B/3837

9782019251017